LIGUE SAINT-MARTIN

CONFÉRENCE DU 17 FÉVRIER 1884

SUR

LA RÉPUBLIQUE ET LA MONARCHIE

PAR

LE VICOMTE OSCAR DE POLI

ARRAS

IMPRIMERIE DE LA SOCIÉTÉ DU PAS-DE-CALAIS

P.-M. LAROCHE, DIRECTEUR

Rue d'Amiens, 41 & 43.

1884

LIGUE SAINT-MARTIN

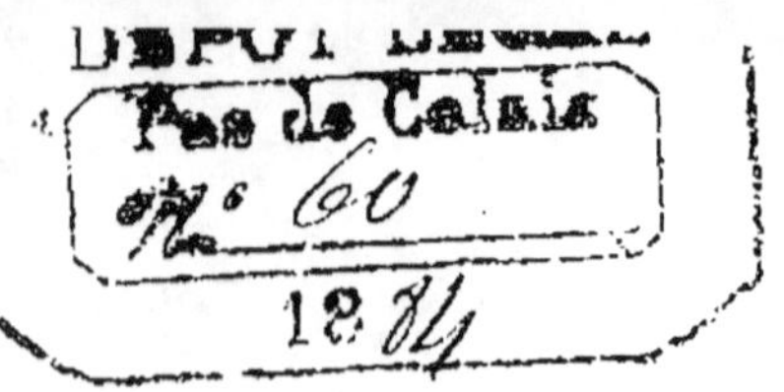

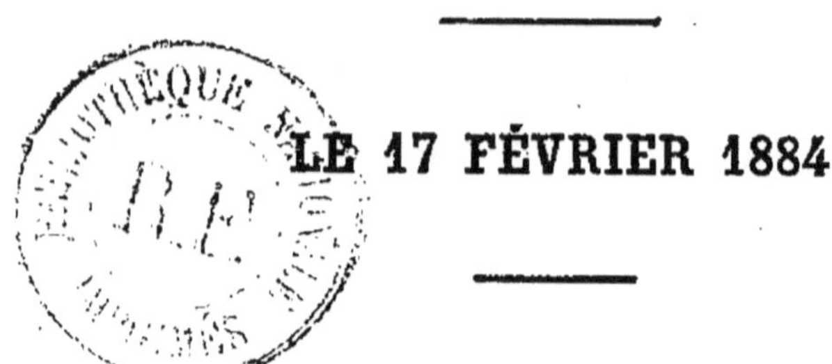

LE 17 FÉVRIER 1884

Le 17 février a eu lieu, à la salle de la rue des Louez-Dieu, la conférence de M. le vicomte Oscar de Poli, sur la République et la Monarchie.

Cinq cents personnes composaient l'auditoire. La salle était comble.

A cinq heures, le bureau composé de MM. Albéric de Galametz, président, André Bernard, Moncomble-Colin et Etienne de Resnes, assesseurs, est entré en séance.

M. de Galametz a prononcé le discours suivant qui a été vigoureusement applaudi.

DISCOURS DE M. DE GALAMETZ.

Messieurs,

Vous n'attendez certainement pas de moi un discours... (Plusieurs voix : Mais si ! mais si ! — Vous en avez déjà fait de très bons !)

Un autre, Messieurs, se chargera de ce soin

à votre pleine satisfaction. Quant à moi, des fonctions que je dois à une bienveillance un peu compromettante, je veux retenir simplement le privilège de vous présenter l'homme de grand cœur et de grand talent qui fait à la Ligue de Saint-Martin l'honneur de lui apporter le concours de sa généreuse éloquence.

M. le vicomte de Poli vient parmi nous pour encourager nos efforts ; pour nous soutenir dans nos luttes ; un peu, je le soupçonne, pour stimuler notre ardeur : — il a voulu collaborer, ne fût-ce qu'un instant, avec nos ligueurs à leur œuvre de prédilection qui est, vous le savez, le relèvement moral et matériel de notre chère patrie. (Très bien ! très bien !)

A cette œuvre, à cette grande œuvre, M. de Poli s'est dévoué tout entier. Pour que vous en soyez convaincus, Messieurs, — vous qui n'aviez pas la bonne fortune de connaître M. de Poli, — il me suffira de rappeler que naguère, seul avec notre ami André Barbes, il allait, lui le gentilhomme royaliste, affronter dans leurs « repaires » les « esclaves ivres » que d'autres, d'un plus sobre tempérament, se contentaient de défier à longue distance, en les recommandant tout particulièrement à l'œil vigilamment opportuniste de M. Camescasse, de son sous-ordre Vel-Durand et de leurs policiers subalternes. (Sourires.)

Mais, dès longtemps déjà, notre vaillant ami avait affronté des dangers bien autrement sérieux.

Avant même d'avoir atteint l'âge d'homme — à 17 ans — il vole à la défense du Saint-Siège : on le voit, l'un des premiers, sous la bannière du héros français et chrétien qui fut Lamoricière, et, dans cette journée tout à la fois si lugubre et si rayonnante de Castelfidardo, il tombe frappé d'une balle en pleine poitrine. Oscar de Poli était le septième de son nom qui versait son sang sur les champs de bataille de la Papauté. — Un homme de tradition, comme vous voyez ! (Sourires approbatifs et applaudissements !)

Les prisons d'Ancône reçurent les glorieux débris de la vaillante cohorte de Charette ; ce que furent les rigueurs de cette captivité, plus d'un ici pourrait le dire. Un jour cependant les portes s'ouvrent grandes ; un homme, au visage grave mais bienveillant, entre ; et, s'adressant aux captifs : « Messieurs, leur dit-il, M. le comte de Chambord a demandé votre mise en liberté, et tel est le prestige du Roi de France, même exilé, qu'il lui a suffi de la demander pour l'obtenir. — Au nom du Roi de France, Messieurs, vous êtes libres. »

Le messager du Roi n'est pas ici un inconnu pour tous ; c'est le marquis de Pissy ; — et vous me permettrez peut-être, Messieurs, de me féliciter, de m'honorer devant vous des liens de parenté et de respectueuse affection qui m'unissent à ce fidèle serviteur du Prince que nous pleurerons longtemps encore ensemble.

Vous êtes donc libre, Monsieur ; mais une satisfaction plus grande vous était réservée. Voici, en effet, Messieurs, l'hommage, éclatant entre tous, qui fut alors rendu à la vaillance du soldat, — j'allais dire à l'héroïsme de l'enfant :

« Votre dévouement, Monsieur le vicomte, « vous a conduit à Rome, et vous avez vaillam « ment combattu à Castelfidardo. Vous avez « été blessé dans cette lutte mémorable, mais, « grâce à Dieu, vous vivez.

« Je suis heureux de penser que les témoi « gnages d'intérêt qui vous ont été donnés de « ma part ont pu contribuer, en adoucissant vos « souffrances, à conserver un fidèle et brave « défenseur de plus à la sainte cause du droit « et de la justice.

« Croyez à tous mes sentiments de gratitude « et d'affection.

« HENRI. »

Que vous avez dû être heureux à la lecture du message royal ! Mais quel autre plus que vous, dites-le moi, eût mérité un tel suffrage ! Et comme je comprends que des mains royales aient daigné tenir votre enfant sur les fonds du baptême ! (Applaudissements.)

Toujours est-il que la spoliation du Saint-Siège est accomplie, — spoliation criminelle et sacrilège, on ne saurait trop le redire. M. de Poli dépose son épée : je me trompe ; il la troque contre une plume, — bien trempée, elle aussi, je vous l'assure ; puis il la ressaisit pour combattre l'envahisseur, et dans la lutte contre les bandits de la Commune il reçoit une nouvelle blessure.

Je me demandais ce qu'avait pu devenir ensuite celui dont je savais l'intelligence ouverte à toutes les situations, lorsque je le retrouve dans l'administration : il était hiérarchiquement devenu préfet du Cantal, quand l'insuccès du gouvernement du 16 mai qu'il avait servi avec une ferme loyauté, mais sans grande illusion je crois, entraîna sa révocation.

Alors, toujours à la tête des hommes d'initiative et de dévouement, il se rejette dans la vie militante comme polémiste et conférencier.

Orateur, il s'adresse de préférence aux ouvriers : il connaît leurs besoins, il sait quels sont leurs intérêts ; ces intérêts, il s'efforce de les servir, au lieu de s'en servir, — à la mode opportuniste, — comme d'un tremplin pour rebondir dans une grasse sinécure. (Bravos.)

Polémiste, sa collaboration est recherchée par les organes les plus autorisés de l'opinion publique... honnête ; mais c'est plus particulièrement sous le pseudonyme de « Pierre d'Attente » qu'il démasque sans pitié les histrions politiques et fustige les criminels. — C'est au *Clairon* que se font ces exécutions.

Ah ! Monsieur, puissent les fanfares éclatantes de votre clairon renverser enfin les murailles déjà bien lézardées de la Jéricho républicaine ! (Acclamations.)

Je n'ai rien dit encore de l'érudit, de l'historien, du romancier ; mais, que voulez-vous ? il faudrait plus d'une conférence tout entière pour retracer le simple sommaire de la vie de cet homme de quarante ans.

D'ailleurs, Messieurs, M. de Poli n'est plus, je crois, un étranger pour vous ; ma tâche est donc remplie, mon but est atteint, et je m'arrête.

Je vous disais en commençant : Vous avez

devant vous un grand cœur ; — la preuve me semble faite. J'ajoutais : et un grand talent ; — M. de Poli va se charger de le prouver.

Je donne la parole à M. le vicomte de Poli.

DISCOURS DE M. DE POLI.

Messieurs,

Je suis profondément reconnaissant de la cordiale et trop flatteuse bienvenue que M. le Président me fait l'honneur de me souhaiter en votre nom. C'est avec le plus sympathique empressement que je me suis rendu à l'appel de la Ligue de Saint-Martin : ses fondateurs et ses membres donnent au pays tout entier un grand et salutaire exemple ; ils ont droit à la gratitude des catholiques et des patriotes. Il m'est doux de venir conforter ma foi patriotique et religieuse au contact de la leur, et je me sens infiniment honoré d'avoir été choisi par cette intelligente et vaillante association pour défendre publiquement, dans cette grande cité, après les honorables MM. Thellier de Poncheville et Groussau, les immuables principes qui sont la loi, l'honneur et la force des sociétés. (Applaudissements.)

Pourtant, Messieurs, vous le dirai-je, ce n'est pas sans un premier mouvement d'hésitation que j'ai assumé la tâche périlleuse de porter la parole devant vous : en dehors des craintes de comparaison, lorsqu'ici-même vous avez entendu deux éminents conférenciers, estimés de leurs adversaires comme de leurs amis, lorsque le Nord de la France vibre encore des éclats d'une puissante et magnifique parole, opiniâtrement vouée à la défense des vrais intérêts de la classe ouvrière, en dehors des considérations d'amour-propre, toujours si puissantes, un autre motif encore devait me faire hésiter : quoi que vous ait dit M. de Galametz, moi aussi, comme beaucoup d'entre vous, je crois, je suis un ouvrier, un simple ouvrier, un artisan de la plume ; moi aussi, j'ai « mes chères études », et je leur consacre le plus d'heures que je peux ; pour elles, je suis avare et jaloux de mon temps, car je leur demande, chaque jour, des satisfactions, des allégresses, des consolations. Mais quels sacrifices, même ceux de l'amour-propre, ne rend aisés l'amour de la Religion, de la Patrie et de la Liberté ! (Applaudissements.)

Nous vivons dans un temps où la lutte virile, sous toutes les formes légitimes, est un devoir absolu pour les chrétiens et les patriotes. « Il est des moments, disait spirituellement Louis Veuillot, où l'on est forcé d'écrire des articles à cent jours de prison la ligne. » (Hilarité générale.) Cela veut dire qu'il faut aimer ses convictions et sa foi à la sueur de son front, et même à la sueur de son sang. Les sympathies platoniques, en politique comme en religion, ne sont que l'hypocrisie de l'indifférence ; la foi qui n'agit point n'est pas la foi sincère : voilà ce que la Ligue de Saint-Martin a compris, et c'est pourquoi elle s'affirme par des actes ; sûre de posséder et de défendre la vérité, elle ne met pas la lumière sous le boisseau, elle ne se dérobe pas à la discussion loyale, comme telle association plus ou moins philotechnique que vous connaissez mieux que moi (Rires) ; elle ouvre à la controverse courtoise une arène publique : tous les bons citoyens, tous les partis doivent donc dire avec moi : honneur à la Ligue de Saint-Martin ! (Applaudissements.)

Puisque nous sommes en réunion publique, je dois penser que, dans cette grande assemblée, dans ce brillant auditoire se trouvent des adversaires des idées dont je suis, dont j'ai toujours été l'humble défenseur : je les remercie tout spécialement de m'avoir fait l'honneur de venir m'entendre.

Je me propose, Messieurs, d'étudier succinctement devant vous la situation faite au pays par cinq années de vraie république, la situation faite au parti royaliste par la mort de son auguste chef, et enfin la solution que me paraît comporter cette double situation. Incidemment je m'efforcerai de mettre en lumière les séculaires bienfaits de la Monarchie traditionnelle, et j'aurai le doux et triste devoir de rendre un filial hommage à la mémoire de celui que l'on appelait le roi des ouvriers et qui fut le prince des honnêtes gens. (Applaudissements prolongés.)

Mais tout d'abord, Messieurs, pour rassurer les consciences timorées, pour mettre à l'aise, et tout de suite, ceux de mes honorables auditeurs qui ressentiraient quelque hésitation à me suivre sur le terrain de la révision fondamentale et totale de la constitution républicaine, je vous demande la permission d'élucider rapidement un point de droit constitutionnel qui est aussi un point de fait, qui a son importance, et qui plus que jamais est d'actualité.

Il y a peu de temps, en effet, à la Chambre des députés, le président du Conseil des ministres, parlant de la troisième République, la qualifiait de « République définitive ». N'en déplaise à ses coreligionnaires politiques, en parlant ainsi, M. Jules Ferry exprimait non pas une vérité constitutionnelle, mais simplement le vœu de son cœur, et cela, je le montrerai dans un instant.

La République peut être supprimée légalement.

Vous n'ignorez pas, Messieurs, que, depuis quelque temps déjà, l'ardeur, l'ensemble, la légitimité des revendications catholiques et monarchistes, on peut dire désormais les revendications nationales, ont jeté l'inquiétude dans les rangs de nos adversaires, dans les sphères du gouvernement. Déjà, sous prétexte de conjurer notre conjuration, ils pensent à restreindre la liberté de réunion, à légiférer contre le droit de réunion, comme ils ont légiféré contre la liberté des consciences, contre le droit des familles, contre le droit des catholiques, à peu près contre tous nos droits et toutes nos libertés ; car il devient banal de le constater : pour la plupart des républicains, dès qu'ils sont au pouvoir, la liberté consiste à l'enlever aux autres, et la simple critique de leurs excès semble à ces citoyens, à ces parvenus de la Révolution, à ces vieux apôtres de la liberté illimitée en tout et pour tous, une espèce de crime de lèse-majesté. Ah ! la vérité les blesse parce qu'ils sentent bien qu'elle les ébranle, en attendant qu'elle les renverse. (Applaudissements.)

Messieurs, dans la lutte que nous soutenons, nous n'avons pas seulement pour nous la légitimité, nous avons encore la légalité. La République, en effet, si infatuée qu'elle puisse être d'elle-même, ne saurait se targuer d'être un de ces gouvernements de droit, ni même un de ces gouvernements de fait, qui font de la perpétuité de leur existence une sorte de dogme national ; la République, vous savez comment elle est née, dans les larmes de la patrie, dans nos jours de malheur, à l'heure où le sol de la France était envahi ; puis, quelques années après, à une voix de majorité, de par une Assemblée qui, de l'avis de Louis Blanc, n'avait ni le caractère ni le pouvoir constituant, elle a reçu ce qu'elle n'avait jamais eu chez nous : une espèce de consécration légale ; mais cette sanction même était et est toujours essentiellement précaire : non seulement la République n'est pas légalement définitive, non seulement sa perpétuité n'est pas inscrite dans la Constitution républicaine, mais au contraire, par la voie de la révision, la forme même du gouvernement, peut toujours être modifiée, partiellement ou totalement, c'est-à-dire que la République est constitutionnellement et perpétuellement transformable et révocable. Et ne le fut-elle pas, tous les citoyens qu'elle blesse dans leurs intérêts auraient encore le droit de réclamer l'abolition d'un gouvernement qu'ils jugent despotique, dégradant et ruineux. Mais, je le répète, la République est légalement révisable ; de par la Constitution la République est supprimable : en demander la révision, la suppression même, ce n'est donc pas sortir de la Constitution, ce n'est pas heurter la légalité provisoire, c'est simplement user d'un droit, d'un droit constitutionnel, d'un droit absolument incontestable.

Je dis plus : c'est accomplir un devoir, un saint et patriotique devoir ; car demander, hâter la disparition de la République, c'est appeler, c'est apprêter la restauration du droit, de la justice, de l'honneur et de la vraie liberté, la liberté du bien. (Applaudissements.)

Combattre les hommes qui, après s'être hissés au pouvoir en criant : « Liberté », n'ont pas rougi d'élever la spoliation, la proscription, l'invalidation et le crochetage à la hauteur de principes de gouvernement, combattre les hommes qui ont organisé la guerre civile des âmes et désorganisé le pays, enrayer cette orgie d'athéisme, de despotisme et de crétinisme, c'est faire acte de patriotisme au premier chef ; c'est hâter le rétablissement de la paix civile, de la prospérité publique, de la dignité nationale, de la grandeur française ; car ce n'est pas seulement la conscience catholique, c'est la patrie qui crie à présent par toutes ses blessures : « Assez de République ! » (Acclamations.)

Le patriotisme a donc plus que jamais le devoir de combattre implacablement .le principe de destruction révolutionnaire dont la République est l'expression, et par suite d'affirmer énergiquement le principe de conservation nationale et sociale qui réside... en face de la République ; plus que jamais, grâce aux fautes de nos adversaires,cette question se pose devant le pays, affamé de sécurité, d'ordre et de liberté : « République ou... autre chose. »

On se lasse de la République.

Eh bien !! les derniers scrutins politiques, les élections partielles qui viennent d'avoir lieu, indiquent clairement que la République perd sensiblement du terrain, et que la lassitude gagne jusqu'aux populations que la République croyait s'être inféodées sans retour.

L'opinion publique commence à manifester clairement sa défiance envers le gouvernement républicain, en même temps que de plus sages aspirations. Mais qu'importe l'opinion publique à nos maîtres du jour : « Nous n'avons que faire de l'opinion ! » disait superbement un député républicain, un indiscret, M. Ménard-Dorian, au Conseil général de la Loire. Cela, Messieurs, c'était renouvelé de Napoléon, qui disait dans un accès de colère, en 1813, précisément lorsqu'il sentait l'opinion lui manquer :

« Votre opinion publique, je la murerai ! »

Et, moins d'une année après, en dépit de la gloire, que restait-il de la toute-puissance impériale? (Sensation.)

Messieurs, l'histoire est pleine de ces redites et de ces rechutes, et nos maîtres du jour gagneraient à en méditer les leçons.

Voyez, depuis qu'ils ont en main le pouvoir absolu, ne dirait-on pas qu'ils se sont ingéniés à s'aliéner successivement toutes les catégories de citoyens? Le peuple, disait un jour un homme d'esprit, le peuple en fera tant qu'il finira par se rendre impopulaire. (Rires.) Cela peut surtout se dire des élus du peuple ; car c'est, en vérité, comme à plaisir que depuis cinq ans ils ont accumulé les fautes, les vexations, les attentats, écartant leurs atouts, comme on dit, et jouant le jeu de leurs adversaires, c'est-à-dire le nôtre.

Au lendemain de nos désastres, en effet, beaucoup de nos concitoyens, non des moins honorables, non des moins éclairés, il faut le reconnaître, las des révolutions périodiques, des guerres d'aventure, des ruineux bouleversements, leurrés des beaux programmes républicains, riants mirages, inclinaient, faute de mieux et crainte de pis encore, à accepter la République. Après tout, pensaient-ils, non sans une certaine dose d'ingénuité, la République est un gouvernement comme un autre, c'est un gouvernement moins cher qu'un autre, un régime de large tolérance, de liberté pour tous, de sécurité pour tous les intérêts, de dignité nationale, de respect mutuel, de rigide économie. (Rires ironiques.) Ah ! Messieurs, il a suffi de cinq années de vraie République pour ruiner au ras du sol de France cette candide illusion.

Aujourd'hui, en dehors des républicains quand même, de ceux qui en 1870, dans leurs proclamations, osaient crier devant l'ennemi national : « Périsse la France plutôt que la République » ; — et cela à l'heure même où le Chef de la Maison de France, dans les angoisses de l'exil, jetait au ciel cette sublime prière : « Mon Dieu, que je ne revoie jamais la France, mais qu'elle soit sauvée ! » (Applaudissements enthousiastes.) Je dis qu'en dehors des républicains personnellement intéressés à la durée de la République, il n'est personne qui ne voie clairement que la République n'est pas un gouvernement comme un autre, que c'est, au contraire, un gouvernement infiniment plus cher qu'un autre, un régime de basse intolérance, d'imbéciles persécutions, de gaspillage effréné, d'abaissement national, d'insécurité pour tous les intérêts ; un régime où la liberté n'est plus qu'une guitare, où l'égalité n'est que le masque de la plus insolente tyrannie, où la fraternité

consiste tout d'abord... à proscrire les Frères.
(Hilarité générale.)

« Quand j'entends crier : Vive la liberté, disait un sceptique, je me demande toujours qui
l'on va mettre en prison. » (Rires et bravos.)

Les iniquités de la République.

Et de fait, c'est au nom de la liberté que le
gouvernement a présenté tout récemment encore, ce projet de loi draconien, relatif aux ma-
nifestations sur la voie publique et aux emblè-
mes soi-disant séditieux. Et c'est avec ces pué-
riles entraves que le jacobinisme opportuniste
se flatte, lui aussi, de murer l'opinion publique.
Eh bien ! sans être la prophétique sibylle, on
peut lui prédire à coup sûr la même fin qu'à
Napoléon Ier, avec la gloire en moins. (Rires.)
Pourtant la République n'est pas sans gloire ;
elle a sa gloire à elle, son espèce de gloire, dont
assurément ne voudrait pas tout le monde, mais
enfin elle a sa gloire. Il y a quelques mois, un
éditeur de Paris avait conçu le projet de publier
les *Ephémérides de la 3ᵉ République*. Ce livre,
dans sa pensée, devait être l'encyclopédie de
tous les actes perpétrés depuis cinq ans contre
le droit, contre la justice, contre les intérêts du
pays par le gouvernement de la République et
par ses serviteurs, grands et petits.

L'honorable éditeur croyait en être quitte avec un volume de 3 à 400 pages in-12 : on lui apporta la matière de dix volumes in-folio ; comme il n'était pas assez riche pour payer..... la gloire de la République, il dut malheureusement renoncer à son excellent projet.

Une prophétie réalisée.

Ce que j'ai l'honneur de vous en dire, Messieurs, est pour vous indiquer qu'il est matériellement impossible de faire tenir, dans le cadre forcément restreint d'une conférence, l'exposé, je ne dis pas de tous les méfaits, mais seulement des principaux méfaits de ce régime. Cependant, on peut les résumer très complètement avec certain article du *Bulletin des Communes*, publié pendant la campagne du 16 mai, et qui, vous vous en souvenez peut-être, mit en fureur la coalition des 363.

« Si vous nommez ces hommes, disait lucidement le rédacteur du *Bulletin*, s'ils reviennent aux affaires, voici ce qu'ils feront :

Ils bouleverseront toutes les lois ;

Ils désorganiseront la magistrature ;

Ils désorganiseront l'armée ;

Ils désorganiseront les services publics ;

Ils persécuteront le clergé ;

Ils rétabliront la loi des suspects ;

Ils détruiront la liberté de l'enseignement ;

Ils fermeront les écoles libres et rétabliront le monopole ;

Ils porteront atteinte à la propriété privée et à la liberté individuelle ;

Ils remettront en vigueur les lois de violence et d'oppression de 1792 ;

Ils expulseront les ordres religieux et ouvriront les portes de la France aux hommes de la Commune. (Sensation.)

Messieurs, les 363 crièrent en chœur à la calomnie et même ils parlèrent de déférer à la justice l'auteur de cet article. Eh bien ! dites si le journaliste fut calomniateur ou devin : est-ce que tous ses tristes pronostics, toutes ses douloureuses prédictions ne se sont pas réalisés à la lettre, et qui oserait dire que cette République est au terme de ses attentats ?

Oui, ce sont ces mêmes hommes qui, dans l'opposition, firent bruyamment de la liberté le marchepied de leur ambition ; ce sont eux qui, parvenus au pouvoir, ont déchiré leurs programmes de liberté, renié leurs engagements les plus formels, parjuré tous leurs serments, bouleversé toutes les lois, attenté aux droits les plus dignes de respect, à l'inviolabilité du domicile, à la propriété, à la conscience, exhumé de grotesques décrets d'arbitraire, de proscription et de spoliation, foulé délibérément

aux pieds les libertés les plus nécessaires, res-
tauré le monopole universitaire, proscrit Dieu
de l'école, de l'asile, de l'hospice, du prétoire
et du cimetière, déclaré la guerre aux croyances,
révolté jusqu'à leurs coreligionnaires par le
cynisme de leurs palinodies!(Marques générales
de réprobation.)

J'ai dit que les gouvernants républicains sem-
blaient avoir pris à tâche de s'aliéner, l'une
après l'autre, toutes les catégories de citoyens,
il est trop aisé de le démontrer.

L'agriculture et l'industrie sous la République.

Les agriculteurs, par exemple ? Comment
pourraient-ils être ou demeurer attachés à un
régime qui sacrifie systématiquement les intérêts de l'agriculture française aux intérêts de
l'agriculture étrangère ? Croiriez-vous, Messieurs les agriculteurs, que, dans le triste état
où se trouve notre agriculture, écrasée par tant
de charges, le gouvernement de la République
fait acheter à l'étranger les blés dont il a besoin
pour la subsistance de l'armée, et les laines
dont il a besoin pour fabriquer le drap de la
troupe ? (Mouvement de réprobation.) Le scan-
dale était si intense que d'honnêtes industriels,
de candides fabricants, de braves agriculteurs

s'en allèrent porter leurs doléances au ministre de la guerre. Le ministre était alors M. Thibaudin ; il parut scandalisé, donna de bonnes paroles et, par-dessus le marché,... sa parole que cela ne se renouvellerait plus. Trois semaines après, il arrivait dans le port de Saint-Malo des navires allemands, chargés de blés achetés à l'étranger pour le compte de la République soi-disant française. (Explosion d'indignation.)

Et les industriels, peuvent-ils aimer un régime qu'un député républicain a défini « le provisoire perpétuel », eux que la République pousse à la ruine, et qui aspirent depuis si longtemps à cette stabilité, à cette sécurité du lendemain, sans lesquelles toutes les entreprises, même les mieux combinées, sont et demeurent stériles et précaires ?

Et les petits rentiers, soulagés d'un dixième de leur revenu, c'est-à-dire de leur épargne, par le gouvernement des républicains ?

Et les contribuables, écrasés par un budget républicain quatre et cinq fois plus fort que sous la Monarchie ?

L'armée et la République.

Et l'armée ? Ah ! la République l'a blessée tout entière en lui imposant pour chef à la face du pays, à la face de l'Allemagne, un soldat qui, devant l'ennemi, avait forfait à la parole d'honneur ! Cet homme, on avait besoin de sa docilité pour accomplir une ingrate besogne de proscription militaire ; on n'avait trouvé que lui dans toute l'armée pour l'accomplir ; puis, la besogne faite, le cabinet, pris de pudeur, le cabinet lui-même donna brutalement à cet homme son congé. (Applaudissements.)

Je me souviens d'avoir entendu un autre ministre de la guerre, un vrai ministre, un vrai soldat celui-là, le brave général du Barail, déclarer à la tribune de l'Assemblée nationale qu'il ne se sentirait pas le droit de demander à un soldat le sacrifice de sa vie, si l'on enlevait préalablement à ce soldat la croyance en une autre vie. La République opportuniste n'a pas de ces soucis, ni de ces scrupules ; c'est bruyamment qu'elle édicte le divorce entre l'armée et le Dieu des armées, et l'esprit de secte l'aveugle si terriblement qu'elle ne paraît même pas se douter qu'elle fait une œuvre antifrançaise, antipatriotique, qu'elle entrave la reconstitution de notre armée en énervant l'âme du soldat, en sapant par la base notre puissance militaire ; et cela quand, autour de la France, en prêtant l'oreille, on entend fourbir dans l'ombre le glaive des nations de proie !

Le clergé et la République.

Et le clergé, ce respectable clergé de France, si éclairé, si docte, si désintéressé, si charitable, si vertueux ?

Ah ! lui, comme il est le ministre de ce Dieu que la République n'a pas l'honneur de connaître, elle le harcèle, le traque par toutes ses meutes ; il semble qu'elle veuille le bloquer par la famine et l'étouffer dans la boue, dans sa boue à elle, la boue pornographique. (Très bien ! très bien ! applaudissements.)

Tous les outrages, toutes les calomnies, toutes les illégalités, toutes les violences, toutes les vilenies sont permis contre l'Eglise et ses ministres ; jacobins concordataires, radicaux anti-concordataires, au fond tous sont d'accord et visent au même but : ils ne diffèrent que dans le choix et l'application des moyens. Et tous sont si profondément aveuglés par le fanatisme irréligieux qu'ils ne sentent même pas qu'à mesure qu'ils accumulent les attentats contre la conscience catholique, contre les croyances de la majorité des Français, le pays s'écarte d'eux ; c'est délibérément qu'ils courent à l'abîme, et l'on peut dire de cette République qu'elle a la nostalgie du suicide. (C'est vrai ! Bravo !)

La magistrature et la République.

Et la magistrature ? La République l'a désorganisée, affaiblie dans le respect de l'opinion, en suspendant la garantie de l'inamovibilité, et cela sans écouter les pressantes adjurations de républicains clairvoyants, comme M. de Lanessan, qui, dans la discussion du projet d'ostracisme de la magistrature française, criait à la majorité opportuniste :

« Ne votez pas cette loi : il y va de la sécurité de la République et de l'honneur de ses représentants ! »

Ses représentants n'en ont pas moins voté cette loi de péril et de déshonneur, et déjà le pays leur répond spirituellement et pratiquement, en s'écartant des tribunaux épurés et en s'adressant, comme la loi le permet, aux tribunaux d'arbitrage, à la justice libre.

Si ce plébiscite d'un nouveau genre vient à se propager, les charges de judicature républicaine risquent fort de passer à l'état de sinécure, comme tant d'emplois créés par et pour les républicains, et le garde des sceaux de la République, le ci-devant encenseur de Napoléon III en vers de 13 pieds, M. Martin Feuillée et ses compères en seront pour leur courte honte d'avoir voulu mettre en pratique cet axiome de leur prédécesseur, Camille Desmoulins :

« Ce sont les despotes maladroits qui se servent des baïonnettes : l'art de la tyrannie est de faire la même chose avec des juges. » (Sensation.)

Les manuels immondes.

Au fond, ce que la République poursuit par toutes les voies, si ce n'est pas l'étouffement, c'est tout au moins l'accaparement de l'âme de la France. « Donnez-moi le monopole de l'instruction, disait Leibnitz, et je me charge de changer la face du monde. » Les Ferry et les Paul Bert n'aspirent à changer que la face de la France ; ce qu'ils veulent, c'est substituer à la religion catholique une irréligion d'Etat, et pour implanter sur ce vieux sol christianisé l'unité irréligieuse, tous les moyens leur semblent licites : ils ne se contentent pas de faire la guerre à Dieu, ils la font même au passé de la Patrie, comme par exemple dans tel immonde Manuel dont un membre de l'Institut, peu suspect de cléricalisme, a pu dire dans un élan de patriotique indignation :

« C'est une honte pour la France qu'un pareil livre ait pu être signé par un ancien ministre de l'instruction publique ! » (Applaudissements.)

Eh bien! ces hommes qui meurtrissent si durement l'âme de la France, ne sont que les serviles exécuteurs du testament politique d'un étranger !

« Gambetta ignore l'Europe, disait M. Thiers, je la lui apprendrai. » Il n'en eut pas le temps.

Peut-être M. Gambetta connaissait-il l'Italie ; mais, à coup sûr, il ignorait la France. Il ignorait qu'en y déchaînant la guerre de religion, il finirait par révolter la conscience nationale, et qu'il mériterait de s'entendre jeter une seconde fois à la face, comme en 1871, l'apostrophe douloureusement indignée du brave d'Aurelles :

« Vous avez été le mauvais génie de la patrie ! » (Oui ! oui !)

« Le pays vous maudira, lui criait à la même époque Emile de Girardin, et ce sera justice ! » (Sensation prolongée.)

Oui, le pays doit maudire cet artisan de guerre civile, qui exerce encore, pour le malheur de la France, par les mains de ses héritiers politiques, une sorte de dictature posthume. Il vantait la République athénienne : eh bien ! un sophiste fut chassé du territoire de cette République parce qu'il enseignait au peuple l'inexistence de Dieu, et, dans leur décret d'expulsion, les magistrats républicains d'Athènes consignèrent qu'une bête féroce serait moins à redouter qu'un homme sans religion. (Bravos et applaudissements.)

Le pays maudira les bas fanatiques, qui n'ont pas craint de s'attacher à transformer la nation très chrétienne en un peuple sans croyances. Il maudira les hommes qui, dans un siècle de liberté, ont fait à l'Université de France l'injure de rétablir le monopole. (Très bien ! très bien !)

Le pays maudira, et ce sera justice, les hommes qui ont fait ouvertement la guerre aux écoles congréganistes, et qui des écoles officielles ont proscrit Dieu et la morale chrétienne. (Très bien ! applaudissements.)

La morale et la religion jugées par les philosophes.

La morale chrétienne ! Ne savent-ils donc pas ce qu'en a dit un écrivain célèbre du XVIIIe siècle :

« *Nous sommes forcés de convenir que la reli-* « *gion seule peut établir une morale qui repose* « *sur une base inébranlable.* »

Qui a dit cela ? M. le Curé ?...

Non, Messieurs, c'est un philosophe, un encyclopédiste, c'est Diderot, qui enseignait lui-même le catéchisme à sa fille.

« *La religion et la morale sont les colonnes des*
« *Etats : il n'y a pas de grande nation sans la*
« *religion et la morale.* »

Qui a dit cela ? M. le curé ?... (Rires.)
Non, c'est un président de République, c'est
le premier président de la grande République
américaine, l'illustre Washington.

« *L'instruction primaire ne sera morale qu'au-*
« *tant que le clergé obtiendra, de par la loi, une*
« *part d'influence très grande sur cet enseigne-*
« *ment.* »

Qui a dit cela ? Du coup, c'est M. le curé ?...
(Rires.) Non, c'est le premier président de la
troisième République française, M. Thiers.

« *Quand la France saura lire, ne laissez pas*
« *sans direction cette intelligence que vous aurez*
« *développée. Ce serait un désordre. L'ignorance*
« *vaut encore mieux que la mauvaise science.*
« *Non, souvenez-vous qu'il y a un livre plus phi-*
« *losophique, plus populaire, plus éternel que*
« *tous les vôtres : C'EST L'ÉCRITURE*
« *SAINTE.*
« *Il faudrait traîner devant les tribunaux les*
« *parents qui envoient leurs fils aux écoles sur la*
« *porte desquelles est écrit : ICI ON N'ENSEI-*
« *GNE PAS LA RELIGION !* »

Qui a dit cela ?... Sans doute quelque intolé-

rant clérical ?... Non, c'est un pair de France :
il s'appelait, il s'appelle encore..... Victor Hugo.
(Applaudissements.)

L'instruction gratuite et obligatoire jugée par Proudhon. — Les folles dépenses scolaires.

« L'enseignement gratuit et obligatoire est
un moyen charlatanesque de popularité. »

Qui a dit cela ?... Quelque sot ennemi du peuple ?... Non, c'est un écrivain de premier ordre,
un penseur célèbre, un grand républicain :
Proudhon.

Et c'est pour s'élever à eux-mêmes ce pié-
destal charlatanesque que les *gratuiteux* ont
mis si durement à mal les finances de l'Etat et
de la plupart des communes ! Ah ! Proudhon,
que n'es-tu là pour stigmatiser les gaspillages
scolaires et le leurre impudent de la gratuité !
(Très bien ! très bien ! Applaudissements.)

Aujourd'hui que, sur la foi des promesses
dorées de la République, les plus pauvres
communes se sont lancées dans d'onéreuses
constructions scolaires, la Caisse des écoles est
à sec, comme tant d'autres Caisses de l'Etat, les
subventions sont suspendues, et les communes
sont au bord de la ruine.

Les Papes et l'instruction du peuple.

Voilà les fruits de la laïcisation à outrance, un mot barbare qui dissimule une besogne plus barbare encore !

Je ne voudrais pas que vous puissiez vous méprendre, Messieurs, sur mon sentiment en ce qui concerne l'instruction populaire : j'en suis, j'en ai toujours été partisan, et en cela je ne fais que me conformer à l'enseignement d'un grand Pape du XVIIIe siècle, qui disait :

« *L'ignorance est la source de tous les maux,*
« *surtout dans le peuple.* »

Voltaire et le peuple.

Et, chose digne de remarque, dans le même temps où, des sommets de la chaire de lumière et de vérité, Benoît XIV promulguait pour ainsi dire la nécessité d'instruire le peuple, dans l'intérêt du peuple et de la société, d'un coin de la France montait une voix gouailleuse, insultante et méprisante, qui jetait à la face du peuple cette espèce de grossier anathème :

« *Le peuple n'a pas besoin d'instruction ; il*
« *faut le laisser à son fumier ; il ne lui faut*
« *qu'un aiguillon et du foin... L'instruction n'est*
« *pas faite pour les enfants des cordonniers et*
« *des servantes.* »

Et qui donc parlait avec tant d'insolence, d'inhumanité, d'imbécillité ? Qui donc osait frapper le peuple de cette injure sauvage ? Qui ?...

Messieurs, c'était le pontife de l'athéisme, le prince des philosophes, le précurseur et le modèle de nos républicains, c'était Voltaire. (Sensation.) Ah ! messieurs les républicains, voilà pourquoi je suis papiste et pas du tout voltairien ! (Bravos réitérés.)

Les libres penseurs jugés par La Moricière.

Nos adversaires, les petits-fils de Voltaire, qui font si bon marché de notre liberté de penser, se qualifient superbement eux-mêmes de libres penseurs. Je me flatte de vous démontrer dans un instant qu'ils sont surtout des... dépenseurs. (Rires.) Et quant à être libres, non, ils ne le sont point, j'en appelle à un témoignage illustre, celui d'un héros qui, avant d'être le grand soldat de l'Eglise, avait été le coreligionnaire de ces hommes — un péché de jeunesse : je parle du général La Moricière.

« J'ai vu de près ces gens-là, disait-il, je les
« ai pratiqués. Ils s'appellent libres, ils sont es-
« claves. Ils se croient des gens d'esprit, et
« Dieu sait quelle est la légèreté de leur cui-

« rasse. Ils disent : *J'ai mes principes, mes con-*
« *victions ; la science a parlé !* Et ils n'ont pas
« ouvert de bonne foi, sérieusement, un seul
« livre catholique. Ils ne lisent rien, ils ne dis-
« cutent rien. O Pascal ! où es-tu avec ton fouet
« pour flageller ces insensés qui se mentent à
« eux-mêmes ! »

La liberté !... les hommes n'ont plus même le
droit d'en prononcer le nom. La royauté de
Louis XVI abolit la torture des corps ; la Révolution, la République établit la torture des
âmes. La République n'est pas la France ; elle
n'est qu'une contre-France. (Oui ! oui ! bravos.)

La République jugée par M. Grévy, par Barrère.

La preuve est faite, irrévocablement faite :
entre la République et la justice, entre la République et la liberté, entre la République et la
religion, entre la République et la patrie, il y a
incompatibilité. (Très bien ! applaudissements.)

« Toutes les républiques vont se perdre dans
« le despotisme, disait en 1848 un représentant
« du peuple à la majorité intolérante, aux ré-
« publicains de l'Assemblée. Que feriez-vous de
« plus si vous étiez les pires ennemis de la
« République ? »

L'apostrophe n'a pas perdu de son actualité,

d'autant plus que ce représentant du peuple, ce sage Mentor, c'était l'honnête Jurassien qui estime si sincèrement que ni l'or ni la grandeur ne nous rendent malheureux.... (Rires dans toute la salle). C'était M. Jules Grévy ; et j'incline à croire qu'aujourd'hui, sous les lambris dorés de l'Elysée Bourbon, dans son for intérieur, revenu des illusions et des écarts de sa jeunesse, au spectacle de tant d'insanités et de turpitudes, il se prend à penser, comme autrefois Barère, que « la République ne convient pas mieux aux « Français que le gouvernement anglais ne con- « vient aux Ottomans. »

En vérité, et cela est triste à penser dans un pays où les gouvernements s'usent et passent si vite, il n'y a pas une violence, pas un acte d'arbitraire ou d'illégalité, pas une faute, pas un excès, pas un attentat que ne puisse désormais commettre en France n'importe quel gouvernement, en invoquant l'exemple de cette république. (C'est vrai ! très bien !)

Un mot de M. J. Ferry.

Le chef du cabinet actuel, M. Jules Ferry, s'écriait dignement dans une brochure qui fit quelque sensation :

« Nos affaires sont conduites par des dissipa- « teurs, et nous plaidons en interdiction. »

C'était contre l'Empire qu'il protestait à cette époque ; mais comme le trait se retourne directement et cruellement aujourd'hui contre la République des Ferry, des Tirard et des.... sous-Tirard ! (Rires, bravos et applaudissements.)

En avant, les saignées de millions pour l'aventure des Kroumirs !

En avant, les milliards des contribuables pour les comptes fantastiques de l'ingénieur Freycinet !

Et les chemins de fer électoraux,

Et les subventions électorales,

Et les cumuls,

Et les sinécures,

Et l'onéreuse réforme de la magistrature,

Et les victimes du 2 Décembre,

Et les gaspillages laïques ! (Applaudissements.)

Aveu du journal *le Temps* sur les finances républicaines.

« *Si ce régime doit durer,* disait le journal « républicain *le Temps, il n'y aura plus de fi-* « *nances possibles en France ;* le laisser-aller en « matière budgétaire est déplorable ; il doit ab-« solument disparaître ou ce sera *la fin de nos* « *finances.* »

Ce sera aussi la fin de la République, mais il

n'est pas certain que ceci nous console absolument de cela.

Les budgets depuis la Restauration.

Sous la Restauration, le budget n'allait pas à un milliard, et notez que le gouvernement du Roi avait à payer toutes les folies de vingt-cinq années de révolution et de guerre.

Sous Louis-Philippe, le budget était d'un milliard ; sous Napoléon III, en 1869, d'un milliard 818 millions ; en 1884, sous la République, le budget ordinaire est de 3 milliards 103 millions.

Sur cette somme, les dépenses provenant du fait de la guerre, de l'invasion et de la Commune, montent à 581 millions. Il y a donc un écart de 1,285 millions entre les dépenses de 1869 et celles de 1884. Si l'on retranche de ces 1,285 millions les 581 millions provenant de la guerre et de la Commune, il reste **704 millions de dépenses créées par la République.** Et notez que je ne parle que du budget ordinaire, car, avec le budget extraordinaire, nous arriverions tout près de 4 milliards. (Vive sensation.)

Déficit. — Gaspillage.

Un fait particulièrement digne de remarque : jusqu'en 1879 nos finances se soutiennent, l'industrie se relève, l'argent circule et féconde, nos exportations dépassent les importations de l'étranger. A partir de 1879 ; c'est la vraie République : les finances périclitent, l'industrie s'affaisse, l'argent se cache, les importations de l'étranger dépassent d'un chiffre écrasant nos exportations ; la baisse des fonds publics s'accentue, c'est la ruine qui menace, c'est le déficit qui appparaît, le gouffre chaque jour plus large et plus profond du déficit.

Le ministre des finances est forcé d'avouer pour cette année un déficit prévu de 84 millions ; mais il en est des évaluations budgétaires de ce personnage comme de l'âge des femmes : 30 ans avoués, disait Balzac, valent 35 ans passés ; 84 millions de déficit avoués en valent certainement de deux à trois cents.

Et d'où provient cette alarmante situation ? Incontestablement d'abord de la flagrante incapacité du parlement et du gouvernement qui est son émanation ; ensuite de cette espèce de parti pris de gaspillage, qui fait penser aux prodigalités furieuses d'un pauvre diable qui se trouverait tout à coup à la tête de millions inespérés. Savez-vous que rien que pour caser les frères et amis dans de bonnes petites places républicainement rétribuées, la République nous coûte annuellement cent et quelques millions de plus qu'en 1869, le dernier exercice budgétaire de l'Empire ?

Ah ! Messieurs, nous aussi, en présence de ce ruineux désordre, n'avons-nous pas le droit de crier à notre tour à M. Jules Ferry et à ses complices :

« Nos affaires sont conduites par des dissipa-« teurs, et nous plaidons en interdiction. » (Oui ! oui !)

La troisième République nous mène visiblement à la banqueroute générale ; c'est d'ailleurs une tradition du régime.

La banqueroute. — Les 45 centimes. Le budget de 5 milliards.

La première République paya cinq années de sa dette avec des assignats et des mandats ; ses créanciers mouraient de faim. Elle mobilisa ensuite les deux tiers de la dette nationale, et ces deux tiers ainsi mobilisés furent soldés avec des *bons* qui ne tardèrent pas à perdre 98 0|0 de leur valeur ; ce qui fit dire aux victimes de la banqueroute révolutionnaire, car on rit de tout en France :

« Rien n'est aussi mauvais qu'un *bon* républicain. » (Applaudissements et rires.)

La deuxième République décréta le ruineux impôt des 45 centimes.

La troisième République a un budget annuel de plus de 5 milliards, en comptant celui des villes et des communes, c'est-à-dire que sous la République nous payons, je l'ai dit, quatre fois plus d'impôts que sous la Royauté.

La cagnotte républicaine.

Ah ! Messieurs, les républicains se targuent de n'aimer pas le curé, mais vous voyez qu'ils ne détestent pas la curée. (Rires.) Ce n'est même plus une République, a-t-on dit, c'est une cagnotte.

Je m'empresse de reconnaître que tout le monde, dans les hautes sphères gouvernementales, n'ignore pas le prix de l'argent : M. Grévy par exemple, tandis que la France s'appauvrit, trouve moyen, bon an mal an, d'économiser un petit million ; il achète des maisons sur ses économies, comme le sous-lieutenant de la *Dame blanche*, et son exemple est suivi par ses proches : son gendre économise les timbres-poste... (Rires prolongés.) Il n'y a pas de petites économies. Voilà ce que M. Grévy devrait bien inculquer aux gaspilleurs républicains.

Après avoir grugé aux petits rentiers une tren-
taine de millions avec le coup de la conversion,
la République, acculée par ses prodigalités, est
forcée de faire un emprunt de 350 millions pour
payer ses folies et parer au déficit. Elle a eu
l'audace de l'intituler « Emprunt national » ;
c'est une simple supercherie, une véritable
tromperie sur la qualité de la chose offerte au
public ; l'emprunt est républicain, rien que républicain, et le public ne s'y est pas trompé ;
car cet emprunt d'expédient a été, nul ne
l'ignore plus, un colossal fiasco. L'argent, visiblement, n'a plus confiance. Ah ! certes, si un
particulier administrait sa fortune comme les
républicains administrent celle de la France, il
y a longtemps qu'on l'aurait prudemment doté
d'un conseil judiciaire. (C'est vrai. — Très bien !
très bien !)

Gêne des patrons. — Misère des ouvriers.

Au moins, si le peuple des travailleurs était
satisfait ; si les capitaux circulaient, si le travail rémunérateur abondait ; mais non, grâce à
une politique qui ne permet pas de faire de
bonnes finances, grâce au poids exorbitant des
impôts, à d'ineptes traités de commerce inter-
nationaux, l'industrie française, étranglée, ané-

miée, commença à chômer de capitaux et de débouchés ; les travaux diminuent, et aussi les salaires ; les grèves se propagent, aggravant la gêne des patrons et la misère des ouvriers ; la question sociale se dresse, comme une sinistre apparition, et l'on sent la France marcher irrésistiblement à un Sedan industriel, à de nouvelles et effroyables commotions. (Sensation.— Très bien !)

Et que peut le vrai travailleur contre une telle situation, si douloureuse, si pleine d'une poignante angoisse et d'un terrible inconnu ?

Rien ! Chacun pour soi, a dit la Révolution, et Dieu pour personne ! Chacun pour soi, c'està-dire l'individu isolé, avec des appétits disproportionnés à ses forces ! Dieu pour personne, c'est-à-dire la misère noire ici-bas, et le noir néant de l'autre côté de la vie ! C'est l'écrasement indéfini des faibles, une misère universelle et exaspérée, une misère turbulente et haineuse, comme celle des anciens esclaves ; voilà ce qu'a produit la Révolution ; voilà ce que la République a fait pour le peuple !

Réponse aux ouvriers qui se plaignent.

A Paris, qu'ont fait les gouvernements et les représentants du peuple pour les ouvriers sans travail et sans pain ?

Vous savez que les délégués des affamés, deux naïfs ! sont venus trouver les députés républicains, pour leur exposer leur terrible détresse et les inviter à y porter remède.

« Nous avons faim, ont-ils dit ; nous sommes en ce moment à Paris 300 mille qui, chaque matin, nous nous levons sans savoir comment nous mangerons dans la journée. »

Mais savez-vous, Messieurs, ce qu'a répondu à cette plainte menaçante le plus éloquent des députés républicains présents :

— Vous mourez de faim ? C'est affreux ! Eh bien ! mes amis, repassez dans huit jours : d'ici là, nous étudierons les moyens de vous être utiles. »

Vraiment, on croit rêver en lisant de pareilles impertinences ! Pour un peu, les jacobins opportunistes auraient réédité l'inepte déclaration de leur défunt chef de file : « *Il n'y a pas de question sociale !* » Si, il y a une question sociale, et le prince des honnêtes gens disait, lui, avec une royale clairvoyance, que « la question ouvrière est la question capitale de notre temps ». (Vifs applaudissements.)

Le remède à la crise ouvrière.

Et quel remède ont imaginé les républicains du Parlement pour conjurer une crise particu-

lièrement douloureuse et redoutable, une crise
qui est purement la résultante de leurs doctri-
nes et de leurs préjugés politiques et économiques? Ils ont nommé une commission de 44
membres, qui vont travailler comme quatre,
une commission d'enterrement de 1re classe,
avec mission de rechercher l'origine de la crise
et le remède à y apporter. Quelle comédie !
L'origine de la crise, c'est la République; le
remède, c'est la suppression de la République !
(Bravos ! Applaudissements.— On entend quelques murmures au fond de la salle.)

Fut-il jamais un gouvernement si parfaite-
ment étranger aux traditions et aux instincts du
pays, aux intérêts et aux aspirations du peuple,
et plus indifférent à ses besoins ? La République
n'est pas seulement une conspiration permanente
contre l'histoire de France et contre l'âme de la
patrie, c'est encore et surtout une conspiration
permanente contre tous les intérêts, à commen-
cer par ceux du plus grand nombre.

Les républicains jugés par Girardin.

A l'extérieur, elle a fait de la grande nation
une puissance de second ordre, une sorte de la-
zaret républicain dans le concert des monarchies ; à l'intérieur, au contraire du roi Mi-

das, elle a changé tout ce qu'elle a touché, l'or même en un plomb vil.

Les gouvernants républicains n'ont rien pour eux désormais, ni les consciences qu'ils oppriment, ni les intérêts qu'ils compromettent, et l'on peut de nouveau leur clouer au dos l'apostrophe vengeresse d'Emile de Girardin :

« Impuissants pour le bien, vous avez été « tout puissants pour le mal ! Le pays vous « maudira, et ce sera justice ! » (Bravos !)

Ainsi, oppression, gaspillage, déficit, désorganisation universelle, méconnaissance des intérêts du pays et des intérêts du peuple, appauvrissement général, misère croissante, isolement et abaissement de la France, tel est le bilan de cinq années de vraie République.

La France sous ses anciens Rois.

Messieurs, en regard des innombrables méfaits de la troisième République, il est consolant pour le patriotisme de pouvoir évoquer, comme un lumineux contraste, les fastes deux fois séculaires de la Monarchie nationale et chrétienne.

Il m'est toujours doux de glorifier, devant des Français, cette hérédité royale qui fut, dans tous les siècles, une condition de l'unité et de l'indépendance nationales, symbole vivant de l'immortalité de la France. (Applaudissements.)

Elle était encore une grande et sainte liberté : la garantie providentielle de l'épanouissement national, du progrès social et de ce droit des pères que la République foule si brutalement aux pieds.

Je l'ai dit ailleurs, et il faut le redire à outrance, il faut le crier aux générations oublieuses ou perverties : ce sont les rois très chrétiens qui ont fait la France, en la cimentant de leur sang, province à province, comme l'abeille fait sa ruche. Voyez ce que la République athée fait de cette France que la royauté très chrétienne avait faite grande, prospère et libre ! Très chrétienne, oui, c'est bien son vrai nom dans l'histoire, car ce fut le christianisme qui éclaira les tendances héréditaires de la Royauté par rapport au bien-être et à la liberté du peuple : la religion fut le soleil de la Monarchie et son instrument de liberté ; la tyrannie républicaine fait la guerre à la religion, à la foi du Christ, et le soleil de la France décline à l'horizon de l'Europe !... Ceci explique cela.

Dès les premiers âges, un instinct secret assimile la Royauté à la nation ; puis la communion d'intérêts, la gratitude et l'amour la soudent étroitement; compagnons de peine et d'honneur, de souffrances et de gloire, le Roi

et le peuple ont les mêmes adorations, les mêmes aspirations ; côte à côte, dans la main du
Dieu de Tolbiac, grandissent la nation et la
Royauté ; parallèlement se développe l'autorité
des Rois et la liberté des peuples.

La République a pour consigne universelle
l'iniquité, l'abaissement, la liberté du mal,
c'est-à-dire la plus dégradante tyrannie. Le
caractère distinctif de la Monarchie très chrétienne était au contraire un vif sentiment de
justice, de gloire et de liberté : ce fut par des
lois de bon plaisir que nos Rois se lièrent so-
lennellement les mains, afin, disaient-ils, de ne
plus pouvoir faire que le bien. (Bravos ! Très
bien ! Très bien ! Applaudissements prolongés !)
Ils considéraient leur mandat comme une dé-
légation divine, leur race comme le patrimoine
de la nation, la Royauté comme une auguste
servitude. (Applaudissements.)

Le pauvre sous les Rois. — Les Rois bénis par le peuple.

Nos Rois avaient traditionnellement le souci
des humbles, l'amour des faibles, le respect des
pauvres : ils furent, avec l'Eglise, les premiers
et les plus ardents à éteindre le servage.

Ils s'ingéniaient à *élever* le peuple par l'ému-

lation dans le bien, et non à le ravaler par l'é-
mulation dans le mal ; ils *élevaient* le peuple par
l'instruction, la seule vraie, la seule féconde,
celle qui reçoit sa lumière d'en haut. (Applaudissements.) En le façonnant de leurs au-
gustes mains, ils lui avaient inculqué leurs royales fiertés : ils lui avaient appris à ne se courber
que devant Dieu et devant le Droit. (Bravos !)

Chaque fois que la royauté a manqué au peuple, c'est la tyrannie qui s'est levée. Depuis
qu'il s'est laissé arracher à la royauté par la
Révolution, voyez quels maîtres il a pris !

Le fils de Charlemagne, dans un capitulaire,
définit admirablement la mission des rois :

« Ce sont, dit-il, les envoyés de Dieu pour le
« bien des peuples. Ils avisent à tout ce qui est
« utile à l'humanité. »

Puis il commande aux comtes :

« *Veillez soigneusement à ce que le pauvre ne*
« *soit pas tourmenté par le fait de votre négli-*
« *gence.* Que les plaintes du peuple ne viennent
« point troubler notre cœur si vous voulez
« garder notre grâce. Que le peuple réclame
« auprès de nous lorsque les comtes ou les en-
« voyés n'auront pas voulu lui faire justice ! »

Ah ! nous ne sommes plus au temps où la
négligence n'est pas le fait des gouvernants, où
le pauvre n'est pas tourmenté ! Je ne sais si

vous vous en apercevez à Arras, mais à Paris la pauvreté tourmentée déborde !

Le petit-fils de Charlemagne complète magnifiquement les généreuses instructions de son père :

« Nous voulons, dit-il, que tous nos sujets
« tiennent pour très certain que nul, de quel-
« que rang qu'il soit, doit être privé de son bien
« légitime, soit par notre volonté arbitraire,
« soit par l'intrigue ou l'injuste cupidité d'au-
« trui, à moins que ce ne soit par le jugement
« de justice et selon les lois de raison et d'é-
« quité. »

Puis surgit la grande race capétienne qui, durant 900 ans, doit être l'instrument providentiel du génie national. Voici venir les rois décorés par la gratitude et l'admiration populaires des plus splendides surnoms qui soient dans la langue humaine : auguste, saint, grand, hardi, sage, pieux, bon, beau, victorieux, bien-aimé, juste, cœur de lion, père des lettres, père du peuple ! Et ce n'était pas l'adulation qui dictait ces prestigieux surnoms ; partout les rois très chétiens s'en allaient guerroyer, en payant de leur personne, pour la défense des humbles et des faibles, pourchassant l'arbitraire, protégeant le droit, s'attachant héréditairement à superposer, à substituer à la justice féodale la justice royale, frein puissant des oppresseurs, espoir suprême des opprimés.

Ils encourageaient la liberté communale; ils ennoblissaient la fonction municipale en lui conférant les insignes et les attributs de la chevalerie, et c'était poursuivre magnifiquement ce grand œuvre d'élévation, d'anoblissement de toute la nation, d'égalisation dans les hauteurs, qui fut le programme et la passion de la Royauté, et qui est la lumineuse antithèse du bas nivellement démocratique. (Vifs applaudissements.)

Les vertus chrétiennes, patriotiques et héroïques de Robert le pieux, de Philippe-Auguste, de Saint Louis sont présentés à toutes les mémoires ; mais on se rappelle moins Charles V, l'ami de Duguesclin, ce roi sage, ce grand roi qui s'entourait de pauvres et qui, voyant en eux les membres souffrants de Jésus-Christ, leur baisait la main en y versant l'aumône.

Et Louis XII, le père du peuple !

Et François Ier, le roi-chevalier !

Et Henri-IV, qui disait :

« Je voudrais que les pauvres gens ne fussent imposés que selon leur partie. »

Et Louis XIV, qui disait :

« Ma tendresse pour mes peuples n'est pas moins vive que celle que j'ai pour mes enfants. »

Louis XIV, que l'école révolutionnaire représente comme un monarque intolérant ayant dit au brave Du Quesne :

— C'est dommage que vous soyez protestant :

— C'est vrai, Sire, répondit fièrement l'illustre vainqueur de Ruyter, mais mes services sont catholiques !

Louis XIV, le roi intolérant, fit Du Quesne amiral, marquis et conseiller d'Etat ; la République des républicains traque, persécute et affame tout ce qui est catholique. Ah ! comme disait un républicain honnête, qu'on nous ramène aux carrières de la monarchie !

Louis XVI est appelé par la gratitude nationale le restaurateur de la liberté ; il n'eut qu'un tort, celui d'être trop bon ; la justice et la fermeté sont les grandes vertus des Rois, et la faiblesse confine à l'injustice. Le sang du roi-martyr retombe encore sur la tête du peuple ingrat qui laissa lâchement égorger son père. La Royauté emporta la liberté dans l'exil où elle la garda comme un dépôt héréditaire et sacré.

A la Restauration, après 25 ans de sanglantes et ruineuses folies, la Royauté, comme aux vieux temps, tira la France de la servitude et de l'anarchie pour la restaurer dans la paix et la liberté.

La coalition triomphante rêvait de démembrer la France, mais le Roi de France était là, et le Bourbon sans armée força des monarques victorieux à respecter la reine des Monarchies. (Acclamations.)

Seize ans après, lorsque la Royauté reprit la route ingrate de l'exil, fidèle à sa séculaire tradition elle laissait la France plus grande qu'elle ne l'avait reçue ; elle nous léguait, dans un suprême rayon de gloire, cette belle terre d'Afrique dont l'héroïsme de saint Louis avait montré le chemin.

Messieurs, je ne saurais nourrir la prétention d'avoir fait au courant, je devrais dire au galop du souvenir, l'esquisse de la Royauté ; je n'ai voulu qu'essayer de mettre en relief, à grands traits, son caractère distinctif, son imperturbable tradition, son labeur de douze siècles, son labeur inouï de liberté, d'unité, de paternité, — une devise qui en vaut bien une autre.

Eh bien ! toutes les traditions, toutes les gloires, toutes les noblesses, toutes les vertus de cette resplendissante lignée royale, tous les prestiges de l'auguste Maison de France étaient venus se condenser, se résumer dans le prince qui fut l'Enfant du miracle, que l'histoire appelle déjà le Loyal et le Magnanime, qui ambitionnait, lui, d'être appelé le Justicier, et que, depuis cinq mois, pleurent la Patrie et la Chrétienté.

Plus qu'aucune autre province, la vôtre l'aura pleuré ; il était pour ainsi dire deux fois votre compatriote, car c'était votre nom que portait Henri-Dieudonné d'Artois.

Incident.

A ce moment, un petit jeune homme siffle au fond de la salle. L'auditoire est ahuri. L'orateur s'écrie : — Allez donc siffler votre chien dehors ! (Toute la salle éclate de rire.) Comment voulez-vous que j'appelle M. le Comte de Chambord ?... Je ne peux cependant pas l'appeler Trouillefou !... (Rires.)

Quelques voix dans l'auditoire : A la tribune, le siffleur ! à la tribune !

M. de Poli : La tribune n'est pas faite pour les gougeats.

Le siffleur comprenant à l'attitude de l'assemblée qu'il est inutile de renouveler sa manifestation grossière, se renferme dans le silence malgré les lazzis dont il est l'objet.

Le conférencier continue :

Souvenir au roi Henri V.

Certes, nous, ses serviteurs, ses vieux soldats, nous aurions dû tous être préparés à l'affreuse séparation, au déchirement filial, par ces deux mois, ces deux longs mois de la plus implacable agonie ; mais non, selon la virile tradition du royalisme, les cœurs voulaient espérer toujours, espérer quand même, contre l'espérance même.

Pourtant Dieu l'a permis : c'en est fait, Henri V est entré dans l'éternité, dans l'histoire ; l'éternité a recueilli dans sa gloire sans lendemain, et l'histoire n'aura pas assez de palmes pour glorifier ce Bourbon qui, durant un demi-siècle, dans les angoisses de l'exil, personnifia si magnifiquement notre vieil honneur, l'antique loyauté française, l'imperturbable bonté, l'incomparable grandeur de sa race, et qui, toujours fidèle à son Dieu, à sa Patrie, à lui-même, eut constamment, dans sa longue adversité, plus de fidèles que le monarque le plus prospère. (Double salve d'applaudissements.)

Si grandiose fut l'unité de cette royale carrière qu'au seuil de la mort et de l'immortalité, Henri V n'avait pas un acte à désavouer, pas une parole à retrancher.

Nos rois, ses aïeux, se glorifiaient d'être les premiers gentilshommes du royaume ; observateur scrupuleux de toutes les traditions de sa race, Henri V n'avait pas abdiqué cette gloire héréditaire qui n'impliquait que des devoirs ; l'honneur, l'honnêteté fut l'unique souci, la règle constante de ses jours ; la fidélité n'eut pas de plus austère ni de plus attrayant panégyriste ; il conquit jusqu'à ses adversaires par la prestigieuse unité de sa vie, et ce fut un d'eux qui le surnomma « le dernier chevalier ». (Bravos. Très bien ! très bien !)

Henri V et l'enfant du peuple.

Visiblement, ce Dieudonné avait été créé pour être, aux yeux de la France dévoyée, le phare monumental du droit, de l'honneur et de vraie liberté, l'arc-en-ciel du salut social et national. Je me souviens qu'un jour, en errant à pied, seul, dans les montagnes boisées de Newstadt, Monsieur le Comte de Chambord trouva gisant sur le sol un pauvre bûcheron tombé d'une haute branche. Le Roi prit dans ses robustes bras l'homme du peuple et le porta au premier hameau, où son médecin fut aussitôt mandé. Comblé de soins et aussi des libéralités du prince, le blessé se rétablit contre tout es-

poir, et voua, de ce jour, à son royal sauveur,
une reconnaissance qui tenait de la plus ardente
vénération.

Quel spectacle, que ce Roi de France rele-
vant cet enfant du peuple, comme il eût relevé
de sa puissante main la France meurtrie par
tant de chutes ! Quelle scène et quelle leçon !
(Applaudissements.)

Hélas ! l'exil d'un demi-siècle est fini, Henri
V est parti non pour la patrie française, mais
pour la patrie céleste ! De son bras justicier, de
ses mains immaculées, il n'aura pas relevé la
France, cette France qu'il aima tant ; mais
qu'ils sont de courte vue ceux qui peuvent
dire :

A quoi a servi le miracle du 29 septembre
1820 ? A quoi donc a servi ce long règne *in
partibus* ?

Messieurs, le peuple ne saura jamais, je le
crains, ce qu'il a perdu de bonheur, d'honneur,
de gloire paisible et féconde, en laissant se con-
sumer dans les amertumes et les stérilités de
l'exil ce règne réparateur dont Dieu, meilleur
Français que lui, s'est obstiné, 53 ans durant, à
lui réserver le bienfait. Mais ce règne n'a pas
été inutile à la France : il a été l'acheminement
providentiel à la concorde et au salut ; le règne
d'Henri V était indispensable. Otez de l'histoire

le miracle du 29 septembre, supprimez Henri-Dieudonné, et le grand parti de la tradition nationale n'existait plus en France; rien, non rien, n'eût jamais pu combler l'abîme entre les deux rives, entre les deux branches. Henri V a été le vivant trait-d'union entre le droit et son légitime héritier, entre la Maison de France et la vraie France. Sans lui, le grand acte d'octobre 1873 n'eut pas pu se produire, et d'implacables ressouvenirs, d'inextinguibles rancunes eussent à tout jamais empêché la réconciliation royaliste, et condamné la France, comme un autre Bas-Empire, aux mortelles alternatives de l'anarchie et des despotismes d'aventure.

Pas un règne, au contraire, n'a été plus utile à la patrie, et, d'ailleurs, ce roi de l'honnêteté a plus fait pour le triomphe définitif de la royauté traditionnelle que tous les Machiavels du parlementarisme. (Applaudissements.)

Un jour, bientôt, la France désabusée du mensonge révolutionnaire, réconciliée avec la Maison de France, avec le Roi, élèvera des statues au prince qui ne lui coûta ni une larme, ni un écu, ni une goutte de sang, et qui, en gardant inviolablement, durant un demi-siècle, sur les fiers sommets de l'exil, l'auguste dépôt des traditions et des libertés françaises, fut le lumineux pionnier de notre suprême restauration sociale et nationale. — (Applaudissements prolongés.)

Bonté paternelle d'Henri V.

Et comme il aimait le peuple, ce petit-fils d'Henri IV ! Comme il avait pour lui le violent amour de son populaire aïeul ! Comme il avait étudié les besoins de l'ouvrier, comme il comprenait ses intérêts et compatissait à ses maux ! C'étaient, j'en puis témoigner, son étude et sa conversation favorites. Les plus humbles même étaient accueillis par lui avec la bonté d'un père. Il avait le caractère aussi vif que le cœur, mais son cœur réparait les vivacités de son caractère avec des grâces exquises, des grâces à la Henri IV. (Applaudissements.)

Je me souviens qu'un soir en 1863, à Lucerne, un jeune Français fut admis chez le Roi. Il y avait foule de courtisans de l'exil. Ignorant la défense faite de manifester son opinion à voix haute, emporté par l'enthousiasme de la fidélité, il cria : « Vive le Roi ! » Je vis le Comte de Chambord marcher droit à lui, et lui dire : « C'est mal, Monsieur, ce que vous faites là ! Vous contrevenez à mes ordres ! » Les traits du jeune visiteur revêtirent aussitôt une expression de profond chagrin. Alors Henri V revint vivement à lui et lui dit :

— C'est moi qui ai tort, embrassez-moi !

Il m'est d'autant plus doux de retrouver dans mon cœur ce touchant souvenir d'il y a vingt ans, que le coupable de Lucerne n'était autre, Messieurs, que notre très honoré président, M. Albéric de Galametz. (Applaudissements.)

Vous voyez que ce n'est pas d'aujourd'hui que nous nous rencontrons au bon coin.

Conclusion.

Ainsi, pendant un demi-siècle, Henri V a maintenu, d'un bras impavide, en face de la Révolution triomphante et des ruines accumulées par elle, comme une inviolable protestation, comme un auguste appât, le splendide dépôt de la Monarchie traditionnelle. « Enfin j'ai vu un Roi ! » disait d'Henri V une grande princesse. Et, en effet, il régnait par la grandeur de son caractère, par le charme de son intelligence, par l'éclat de ses vertus, par la noblesse de son âme, par la resplendissante nécessité de son droit ; grâce au chef de la Maison de France, la France, dans le cadre de l'Europe, dans cette cour de Monarchies, semblait avoir encore l'auréole de son vieux droit d'aînesse.

Le Roi est mort, Messieurs, mais la Royauté vit toujours. Que dis-je ! le Roi n'est pas mort, car le Roi ne meurt pas en France. Un autre fils de saint Louis est monté au ciel, mais la France n'est jamais orpheline : quand la volonté divine lui reprend un père, l'hérédité monarchique lui en donne un autre pour la chérir, pour la servir, pour la sauver.

Le jour où l'expiation sera complète, le pays, sous le regard et avec l'aide de Dieu, reprendra d'un pas et d'un cœur allègres la grande route royale. L'enfant prodigue reviendra dans les bras de son père, dans les bras de son Roi. La Révolution du dégoût et du châtiment fera justice des gaspilleurs et des oppresseurs. Après l'essai loyal, il y aura, comm on a dit, l'essai royal, et celui-là sera le dernier. La nation royaliste acclamera sans retour la Royauté plus que jamais nationalisée. L'amour de la patrie scellera d'un indissoluble ciment la réconciliation nationale.

Comme fut Henri IV, comme fut Louis XVIII, comme eût été Henri V, Philippe VII sera le Roi de tous ; d'une main virile, il fermera l'ère des révolutions en renouant la chaîne des temps, les glorieuses destinées que la Révolution n'a fait qu'interrompre. Une fois de plus, la Royauté restera la dignité nationale, la prospérité publique, la paix dans l'honneur et la vraie liberté, la paix des consciences, la liberté du bien, les imprescriptibles droits de la famille et de l'âme.

Par son seul prestige, la Royauté nous rendra, sans guerres ni bassesses, notre antique patrimoine de grandeur et d'influence. Au lieu de l'instabilité ruineuse, nous aurons l'hérédité féconde, au lieu d'une politique au jour le jour, d'une politique d'isolement, sans dignité ni profit, les longues perspectives et les alliances fructueuses, au lieu de la ruine industrielle, des lois économiques intelligentes, et cette sécurité du lendemain qui favorise à la fois l'intérêt des patrons et celui des ouvriers.

Ah ! Messieurs, souffrez que mon patriotisme termine cette conférence, déjà trop longue, à peu près comme disent nos bons curés : « C'est la grâce que je *nous* souhaite. »

L'orateur est vivement acclamé par toute la salle et reçoit les félicitations des membres du bureau et de ceux de nos amis qui entourent la tribune.

M. le président remercie l'éloquent conférencier de son admirable harangue qui a trouvé dans l'assemblée tant d'échos chaleureusement sympathiques. Mais une approbation platonique ne suffit pas. Une conclusion pratique doit être tirée : déjà elle a été indiquée ; il peut être utile de l'accentuer.

La République compromet tous les intérêts sans exception, sauf ceux des hommes qui en vivent, des repus. Donc, puisque la République, en se proclamant révisable, et révisable en totalité, a proclamé elle-même sa caducité originelle, son infirmité *constitutionnelle*, il faut la réviser totalement, radicalement.

Telle est, Messieurs, dit en terminant M. de Galametz, l'œuvre que nous devons poursuivre, en prenant pour devise de notre action patriotique : Périsse la République plutôt que la Patrie !

A l'issue de la conférence, M. de Galametz recevait dans un dîner intime M. le vicomte de Poli et un certain nombre d'amis.

M. le marquis de Tramecourt, un jeuné homme qui porte noblement un lourd héritage de gloire, d'honneur et de fidélité a porté la santé du sympathique conférencier. Il l'a fait en ces termes :

Monsieur,

Mon parent, M. de Galametz, me prie de vous porter un toast. Je le remercie de sa bonne

pensée et suis heureux de pouvoir vous remer-
cier et vous féliciter ici, au nom des royalistes
qui vous entourent comme de ceux qui vous ont
applaudi tout à l'heure à si juste titre — des
paroles d'encouragement que vous nous avez
apportées.

Vous êtes un homme d'action et vous êtes
venu, en nous faisant toucher du doigt les infâ-
mies républicaines et en nous rappelant notre
glorieux passé, nous dire à tous : Sus à la République ! Voilà l'ennemi !

Croyez-le bien, Monsieur, votre appel sera
entendu, et nous saurons y répondre. Tous ici,
ceux qui ont déjà donné des preuves de bra-
voure dans la lutte, et ceux qui, comme moi,
n'aspirent qu'au moment d'entrer en lice, nous
ne voulons qu'une chose : Combattre toujours
et partout pour le triomphe du droit, de la vérité
et, comme vous l'avez si bien dit, de la vraie
liberté ; pour le triomphe de la Monarchie.

Messieurs, je bois à M. le vicomte de Poli.

Arras, Imp. du *Pas-de-Calais*, P.-M. Laroche, directeur.